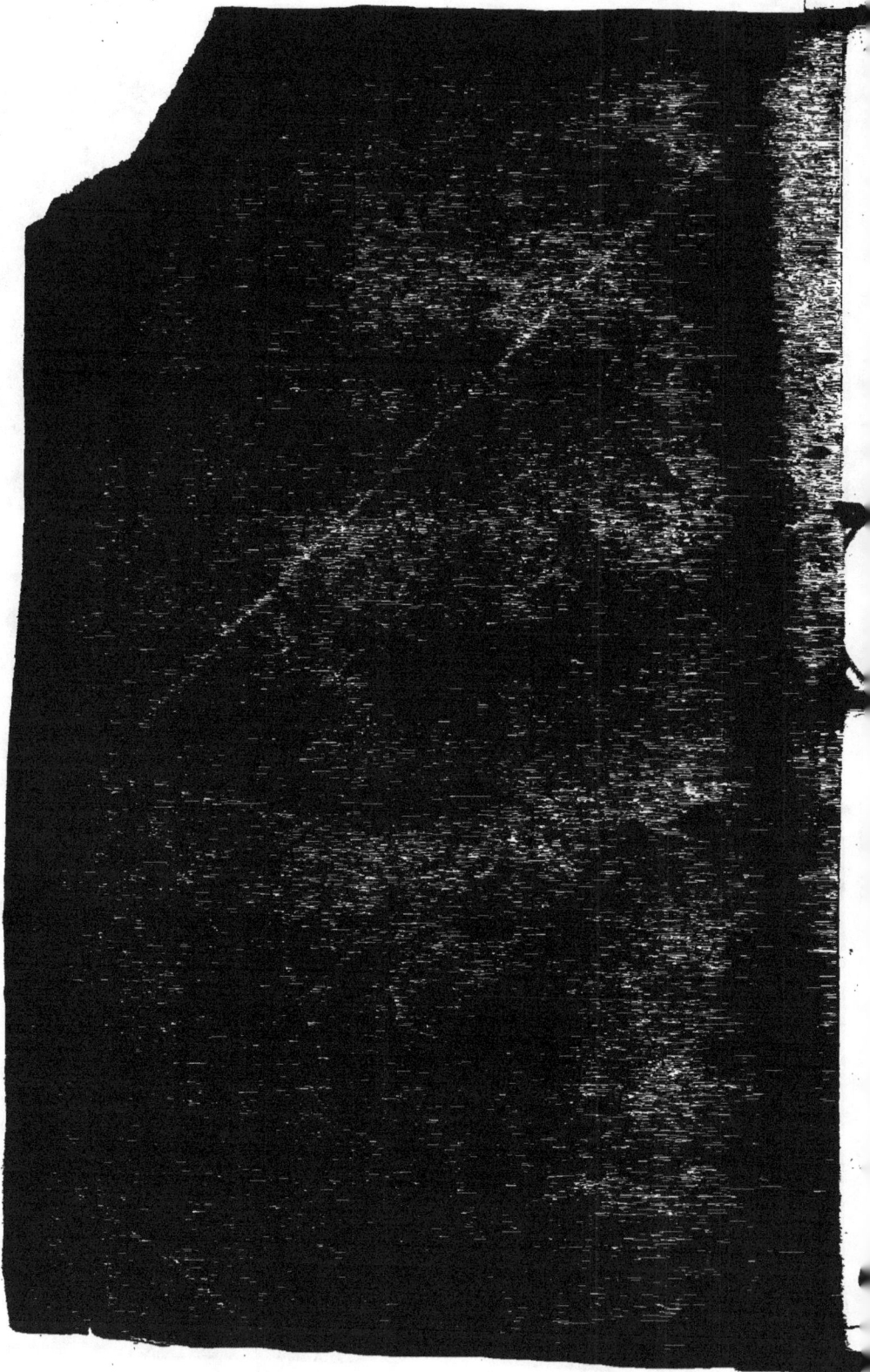

CONSIDÉRATIONS

SUR

LES FAILLITES ET BANQUEROUTES,

ET

MOYENS SÛRS

D'ARRIVER A LEUR PROMPTE LIQUIDATION,

ET D'EN EXTIRPER LES ABUS.

PAR M. MARTINEAU,

Ancien Avocat aux Conseils, Avocat en la Cour de Cassation.

Quand le législateur compose avec les lois qui favorisent les fripons, il les encourage, et laisse encore subsister pour des siècles les vices d'une législation usée. Pour détruire de longs abus, il doit les frapper impitoyablement ; et c'est à la racine qu'il va les attaquer.

A PARIS,

PORTHMANN, IMP. ORD. DE S. A. I. ET R. MADAME,
RUE NEUVE DES PETITS-CHAMPS, N°. 36.

1807.

AVERTISSEMENT.

Ce petit Ouvrage était à l'impression, quand il m'est tombé sous la main un exemplaire du livre 3 sur les faillites et banqueroutes, faisant partie d'un des projets du Code de commerce, car on m'a assuré qu'il y en a plusieurs.

J'y ai bien trouvé quelques modes nouveaux, quelques précautions gênantes, mais qui n'en laissent pas moins subsister, au profit des banqueroutiers, tous les élémens de ruse et de mauvaise foi qu'ils employaient, et qu'ils sauront bien encore appeler à leur aide; et avec tous les vices des anciennes formes et des procédures, le même germe de ruine pour les créanciers et les faillis.

Ces modes nouveaux me paraissent donc insuffisans, parce qu'ils ne remédient à rien, et me font persister de plus fort dans le plan que je propose, parce qu'il remédie à tout.

Et si l'on réfléchit à la nature d'une loi générale et permanente, d'un Code, sur-tout, dont l'essence est de prévoir et de combiner ce qui est le mieux, on sent de reste qu'il ne doit être ni le fruit de la précipitation, ni le résultat d'un système ou d'un amour-propre qui tient à sa création. C'est l'intérêt général, c'est l'opinion de tous les hommes éclairés sur la matière et sur ses abus, qui doivent le dicter. Je dois donc espérer qu'avant de porter la loi sur les faillites, l'opinion du commerce, qui mérite bien d'être consultée, et qui réclame déjà l'établissement d'une autorité légale en cette partie, le sera sur une matière qui ne tient pas moins aux mœurs qu'à la fortune publique, sur une matière dont les résultats destructeurs sont incalculables, si la sagesse et la prévoyance n'ont pas fermé toutes les portes aux abus, puisque ce n'est pas seulement le crédit des commerçans que l'habitude et la multiplicité des banqueroutes détériorent. C'est encore le crédit et la confiance générale qu'elles attaquent jusques dans leurs bases les plus solides, puisqu'il en résulte une défiance universelle, et telle que personne ne croit plus à la probité; que la propriété elle-même n'est plus un gage suffisant; que la moralité la moins équivoque, autrefois si respectable, n'est plus une garantie; et que le capitaliste ne connaît de sûreté réelle que la contrainte par corps, et ne se détermine encore à aider le besoin, sous cette condition même, que par l'appât d'un intérêt énormément usuraire.

Je ne me dissimule pas les oppositions nombreuses que mon plan peut rencontrer. Il choque trop d'intérêts privés, parce qu'il les comprime ou les anéantit; il ferme des mines trop abondantes, et jusqu'à présent ouvertes à nombre d'hommes intéressés à ce désordre, pour espérer qu'ils se tairont. Mais c'est cet intérêt personnel même qui va se révolter, que j'invoque en faveur de l'intérêt public, parce que la bonté de mon idée se prouvera par les efforts mêmes que l'on fera pour la repousser. Je ne demande qu'une grâce, c'est qu'on me lise jusqu'au bout; c'est que l'on voie tout l'ensemble de mon projet. Qu'on le compare ensuite, et qu'on le juge.

J'ai fait ce que j'ai pu; c'est à la sagesse et à l'autorité à faire le reste.

CONSIDÉRATIONS

LES FAILLITES ET BANQUEROUTES,

ET

MOYENS SURS

D'ARRIVER A LEUR PROMPTE LIQUIDATION,

ET D'EN EXTIRPER LES ABUS.

~~~~~~~~

Les esprits sages ont à-peu-près généralement reconnu qu'il est nécessaire de renouveler à chaque
siècle les lois d'un grand peuple, parce que ses mœurs
changent, et que ses meilleures habitudes se cor-
rompent. Cette vérité acquiert encore plus de force
à la suite d'une longue révolution qui a tout dénaturé,
détendu tous les ressorts, émoussé tous les principes.

Et si ce peuple est industrieux en même-tems qu'a-
gricole, si surtout il est spéculateur et commerçant,
ce ne sera pas assez d'avoir pourvu à ses besoins sous
le rapport des lois purement civiles, il faudra encore

A

y pourvoir sous celui des relations de son commerce continental et maritime.

Déjà la France respire sous la protection d'un nouveau Code, qui règle toutes ses conventions civiles d'une manière uniforme et certaine; déjà les projets d'un Code criminel et d'un Code commercial, lui font entrevoir de près des lois nouvelles sur ces deux points importans dans tout état civilisé; et l'on doit croire qu'elles remédieront aux dangers de l'inconvenance actuelle, et aux abus de la désuétude. C'est surtout le commerce qui réclame ce bienfait tant désiré.

Deux choses sont essentiellement nécessaires au commerce; 1°. une excessive bonne foi; 2°. une grande liberté. Par liberté, on doit entendre la faculté de tout entreprendre, sans préjudice pour personne et pour l'État, comme sans perte pour l'honneur : et la bonne foi est cette probité antique et rigide qui, il n'y a pas un siècle encore, faisait que les engagemens d'un commerçant étaient sacrés pour lui, et que sa parole valait autant qu'un contrat.

Puisque la démoralisation générale a amené les choses au point que la probité n'est plus qu'une chimère; que le commerce, si grand dans ses vues et dans ses résultats, n'est plus qu'un métier, qu'un moyen de s'enrichir, au mépris de l'honneur et de ses promesses; puisqu'à la honte du siècle, l'argent seul est tout, et que les moyens de s'en procurer, quels qu'ils soient, passent pour licites; il est tout simple que le commerce, encore plus fondé sur la confiance et le crédit que sur des facultés réelles, étant par sa nature même et par la facilité d'abuser, la voie la plus prompte de s'enrichir, a dû surtout et le premier attirer tous les regards de l'homme cupide et supporter les atteintes de l'improbité: c'est donc lui qu'il faut particulièrement s'étudier à ramener dans les limites de la bonne foi, à rétablir sur ses véritables bases, qui sont les mœurs et la rigidité; qu'il faut protéger contre les manœuvres et les surprises de l'adresse et de la friponnerie. C'est enfin cette partie essentielle de la civilisation qu'il faut soumettre à de nouvelles règles, quand les anciennes sont devenues insuffisantes.

L'ordonnance du commerce, de 1673, ne connaissait que deux sortes de faillites; l'une qu'elle appelle *faillite*, toutes les fois qu'elle n'apperçoit rien de criminel dans la conduite du failli, et dans les opérations qui ont amené sa déconfiture. Elle appelle *banqueroute* la faillite dans laquelle elle apperçoit de la fraude au profit du failli, et au préjudice de ses créanciers.

Quoique dans la vérité la banqueroute même frauduleuse ne soit à l'égard des créanciers qu'une faillite, et que les divers caractères dont elle est susceptible n'opèrent de différence qu'à l'égard de la loi jalouse de la punition des délits, il n'en est pas moins vrai, et l'expérience en a donné la preuve, qu'à l'égard de la loi du moins, au lieu de deux caractères, la faillite en

A 2

a réellement trois ; savoir, la *faillite* proprement dite, quand elle n'est que le résultat des circonstances et du malheur ; la *banqueroute simple*, quand le failli n'a pas procédé dans son commerce ou depuis sa faillite, avec toute la régularité, toute la sincérité d'un homme qui n'est qu'à plaindre, et qu'il redoute de mettre toutes ses opérations au grand jour ; et la *banqueroute frauduleuse*, quand il résulte de la conduite et des opérations du failli, qu'il a, pour son intérêt, cherché à frauder ses créanciers, en simulant des dépenses et des pertes. L'intelligence suffit, au surplus, pour différencier tous ces caractères de la faillite, qu'il serait trop long d'expliquer.

Au tems où l'ancienne ordonnance a paru, elle était bonne, parce qu'alors il y avait encore des mœurs ; parce qu'alors le commerce n'était pas à la merci du premier intrigant sans moyens et sans honneur, qui voulait le faire ; parce qu'alors il était retenu dans ses bornes par un esprit d'équité, né lui-même d'un esprit de corps qui n'était pas sans puissance. Mais elle a cessé d'être bonne quand sa base a disparu, quand son mobile a cessé ; et puisqu'elle ne suffit plus, il faut donc de plus puissans et de nouveaux moyens pour rattacher le commerçant aux principes, et pour que le commerce redevienne ce qu'il doit être.

Puisque les faillites, sous toutes leurs dénominations, sont les plus dangereux écueils de l'honneur et du commerce, elles sont donc la partie la plus importante de la législation commerciale ; c'est donc surtout à cette partie du plus haut intérêt, que le nouveau Code doit s'attacher ; et en élevant humblement ma voix sur cette grande question, je crois payer à mon pays le tribut que lui doit chaque citoyen pour son plus grand avantage.

Quel est l'objet d'un code de commerce ? c'est de régulariser toutes les opérations du commerçant ; c'est de ramener par des formes simples tous ses procédés à la célérité et à la justice : et s'il s'agit de faillites , c'est d'en tarir la source autant que possible ; ou quand elles sont indispensables , d'en rendre les effets moins désastreux.

Mais comment arriver à détruire ou à prévenir les principales causes des faillites ? par la rigoureuse application des lois contre les banqueroutiers ; par le mépris public qui doit les environner ; et les faillites ne produiront plus les banqueroutes , quand le failli aura le courage de rougir moins d'une consolante pauvreté , que lui aura valu le sacrifice entier qu'il a fait à ses créanciers, que d'une honteuse richesse , qu'il ne peut avoir conservée que par le vol qu'il leur en a fait.

Le nouveau code doit avant tout commencer, selon moi, par bien définir les trois genres de faillites. Le moindre vague à cet égard, introduit l'incertitude ou le relâchement dans les tribunaux ; et c'est le vice de la définition qu'en a donnée l'ordonnance de 1673 : il est

A 3

difficile de fixer bien positivement, d'après cette ordonnance, le moment de la faillite; et l'on ne peut trop le préciser : autrement, tout tombe dans l'arbitraire; et cet arbitraire est presque forcément contraire aux créanciers, et toujours à plusieurs d'entre eux.

Mais un vice qui réclame bien plus fortement encore sa réforme, c'est qu'elle met le sort des faillis à la disposition de leurs créanciers ; ce qui par un résultat étrange n'a d'autre effet que de mettre les créanciers à la disposition du failli. Bien examinée, cette conséquence est forcée.

En effet, qu'arrive-t-il? ce que tout le monde sait ; que la confusion des mots *banqueroute* et *faillite*, n'a presque plus permis de voir des banqueroutiers dans des faillis ; que l'impunité des banqueroutiers, ou ce qui est la même chose, l'exagération des peines qui a produit leur inutilité, n'a plus laissé aux banqueroutiers qu'un pas à faire, et qu'ils l'ont fait. Et comment des créanciers l'auraient-ils empêché? Isolés, séparés, presque sans intérêts, contre un grand intérêt, il est tout simple que le grand intérêt a dû prévaloir contre des petits, et même contre des syndics occupés de leurs affaires, qu'ils ne négligeront pas pour l'avantage d'étrangers, qui souvent ne mettent pas une grande importance à leurs créances, parce qu'ils ne veulent ni se procurer des embarras, ni courir des risques sûrs pour des rentrées incertaines.

Voici donc ce qui a du arriver de cette insouciance

générale; c'est que le failli s'en est autorisé pour rester riche aux dépens de ses créanciers et malgré eux : et que fait-il à cet effet? il fait trois parts de son actif. Le premier tiers, il le soustrait à son profit; le second, il l'abandonne à ses créanciers craintifs et bénévoles; et le troisième, il le réserve pour acheter les plus difficiles; c'est encore, des opérations de la plupart des faillis, une des moins désastreuses. A ce moyen coupable il en joint un autre aussi criminel. Il suppose des créanciers, qui viennent former la majorité, forcer un atermoiement, et mettre les véritables à sa discrétion, parce que le créancier de bonne foi sent qu'il apporterait une résistance inutile; parce qu'il faudrait des plaintes dont personne ne veut courir les dangers et les frais; et qu'il lui paraît plus simple de prendre ce que l'on veut bien lui donner, que de s'exposer à des poursuites et à des lenteurs toujours préjudiciables aux affaires. Qu'en est-il résulté? que le commerce n'est plus qu'un brigandage; qu'à quinze jours de-là, le banqueroutier reprend son insolence et son luxe, et qu'il insulte à la ruine de l'honnête homme qu'il a dépouillé, trop heureux encore s'il ne l'écrase pas du poids de son arrogance et sous les roues de son carrosse!

Mais le moyen d'arrêter des calculs aussi scandaleux, quand la loi se tait, quand l'impunité résulte de l'énormité des frais et de l'inutilité des poursuites, qui ne feraient que dévorer le créancier au profit des tribu-

A 4

naux ; quand le banqueroutier obtient des places et des emplois qu'il n'a pas honte d'enlever au mérite, et quand avec un bien qu'il a volé, il vient usurper encore la considération, au lieu de courber sa tête sous l'opprobre !

J'ignore quelles mesures le code commercial aura prises pour extirper des abus aussi étranges, et qu'on refuserait de croire, si chaque jour n'en fournissait de nombreux exemples. On parle d'une création d'agens ou de curateurs aux faillites et banqueroutes. C'est bien sans doute de mettre en quelque sorte sous la main de la loi les biens de ceux qui ne doivent plus en avoir la gestion, quand ils n'en sont plus les vrais propriétaires, quand ils sont sous le poids du soupçon d'improbité. Mais est-ce assez ? remédie-t-on suffisamment à tout ? C'est ce que j'aurai bientôt occasion d'examiner.

On parle encore d'un article qui défend aux curateurs de donner leur approbation, même aux conventions d'un failli avec ses créanciers, s'il leur apparaît des actes de sa part de nature à le constituer banqueroutier. C'est encore bien d'avoir établi la distinction naturelle entre la banqueroute et la faillite, et d'avoir chargé l'homme de la loi d'une exacte surveillance à cet égard. Mais un homme seul est facile à séduire ; mais il peut se méprendre sans le vouloir ; et son caractère n'ayant rien de proprement ministériel, il peut ne pas se croire obligé à une sévérité courageuse, et se laisser aller à des condescendances. Je crois donc qu'il convient d'ajouter quelque chose à cette forme des curateurs ; et je proposerai ce qui me paraît à-la-fois utile et indispensable.

Sans doute les vérifications que feront les curateurs sur les livres et les documens d'un failli, les éclaireront sur sa bonne ou sa mauvaise foi ; et déjà, sous ce rapport, leur création ne peut être qu'avantageuse. Ils se seront mis à même de fixer sans méprise la qualité de banqueroutier ou de failli qui sera due au débiteur. Mais il faut étayer leur faiblesse ; il faut les forcer à ne pas transiger avec leurs devoirs, et faire porter sur la loi même l'animosité de ceux qu'ils doivent éclairer et poursuivre, par l'intermédiaire d'organes toujours à l'abri des inculpations personnelles, quand ils sont revêtus d'un grand caractère public.

Mais qu'il s'agisse de banqueroute ou seulement de faillite, je l'ai déjà dit, le sort des débiteurs ne doit pas plus être laissé à l'arbitraire des créanciers, que le sort de ceux-ci à l'arbitraire des faillis.

Les créanciers sont sérieux ou supposés : supposés, ils ont autant d'indulgence pour le débiteur coupable, leur complice, qu'ils auraient de rigueur pour le failli malheureux et de bonne foi, s'ils étaient ses créanciers sérieux, parce qu'en effet chacun répugne à sa ruine, et que le vrai créancier y résiste tant qu'il croit le pouvoir, et que la loi de céder ne lui est pas faite par des fripons, qu'il tenterait vainement de démas-

quer. Il n'y a donc point d'arrangement possible et juste
à attendre ; car toutes les mesures sont prises pour que
les conditions, même celles qui sont consignées dans
des actes, ne soient pas remplies : et les prétextes ne
manquent pas ; ou les recouvremens n'ont pas été
faits, ou les époques étaient trop rapprochées : la véri-
table raison c'est que le failli, sorti de presse, a repris
toute sa mauvaise foi, et qu'il a calculé, qu'après des
années d'une attente inutile, le créancier n'aura pas
plus de peine à faire le sacrifice entier, qu'il n'en a
déjà eu à faire celui des deux tiers ou des trois quarts.

Passons maintenant aux ressources d'un homme en
faillite ou en banqueroute.

De quoi se composent-elles ? 1°. de tout son actif
disponible en argent, en effets et marchandises ;
2°. de son actif à recouvrer ; 3°. de son actif en immeubles ; 4°. et enfin de son industrie et de ses espé-
rances en héritages.

Mais il peut avoir deux sortes de créanciers ; des
créanciers hypothécaires, et des chirographaires.

Sans contredit, les créanciers hypothécaires ont
leurs gages, et doivent les absorber. Peut-être convien-
drait-il de les y restreindre ; car c'est sur ces gages qu'ils
ont prêté ; comme les chirographaires ont dû croire
tout l'actif mobilier leur garant. Au reste, l'opéra-
ration, quoique divisée, doit être soumise au même
régime.

Quoi qu'il en soit, du moment où il y a faillite ou banqueroute, tout doit sortir des mains du failli pour entrer dans celles de ses créanciers ; tout doit leur appartenir, sauf l'excédent, chacun selon la nature de leurs droits, si excédent il y a.

Il convient néanmoins de faire une distinction que réclament la justice et le malheur. Ne s'agit-il que de faillite, l'humanité commande de ne pas enlever au failli tous ses moyens, du moins ceux de subsistance pour sa famille et pour lui. L'intérêt même de ses créanciers exige de lui laisser la faculté de continuer ou de reprendre ses affaires, dans le cas seulement où il est reconnu en avoir la capacité ; mais cet acte de commisération doit appartenir tout entier aux créanciers, et se régler par le mode qui sera indiqué.

Au reste, dans les deux cas, le débiteur ne doit jamais avoir à recouvrer ce qui lui est dû ; le banqueroutier, parce que sa mauvaise foi l'exclut de toute espèce de confiance ; le failli, parce qu'il ne pourrait s'y livrer qu'au préjudice de ses nouvelles opérations, qui ont besoin de lui tout entier pour la réparation de ses pertes.

Et par la raison que les produits de ces recouvremens sont trop incertains pour qu'on puisse asseoir sur eux une convention juste ; comme, de l'autre part, aucun créancier chirographaire ne doit avoir le droit de faire des remises, et que tous doivent également supporter les pertes, et participer aux distributions ; il convient de ne tolérer aucunes conventions, et de laisser aux produits seuls le soin de déterminer la somme des sacrifices que chacun devra subir.

Ainsi, point de transaction dans les banqueroutes: tout appartient aux créanciers. Dans les faillites, délibération seulement pour déterminer ce qui sera laissé au débiteur sur son actif, pour se mettre, par un nouveau travail, en état de se libérer. Pas davantage de convention, parce qu'il est impossible de baser des obligations justes et certaines sur des rentrées qui ne sont que présumées, et parce qu'en pareil cas, des conventions ne pouvant être qu'inconsidérées, l'opération la plus juste à faire, et la seule convenable, n'est véritablement que la répartition des produits qui seront effectués par des hommes qui auront intérêt à les accélérer, comme à ne rien négliger pour les accroître.

D'après quoi, du moment de la faillite ou de la banqueroute, main-mise de la loi sur tout l'actif en meubles et immeubles du failli; dépossession totale de celui-ci, et possession entière du curateur qui devra hâter la vente des uns et des autres, parce que leur conservation ne serait pas moins onéreuse au failli qu'à ses créanciers : main-mise perpétuelle jusqu'à l'acquittement total; car il est honteux que, moyennant un arrangement toujours onéreux à ses créanciers, le failli se trouve encore riche au mépris de ses engagemens ; et obligation de sa part de déclarer tous les biens qui lui écherront jusqu'à son entière libération, sous peine d'être déclaré banqueroutier.

Maintenant, quelles précautions sont donc à prendre et contre les banqueroutiers et contre les faillis ?

1°. Graduer des peines rigoureuses contre les banqueroutiers simples et contre les banqueroutiers frauduleux, et les y soumettre sans miséricorde.

Mandat d'arrêt contre le banqueroutier frauduleux, et tradition de sa personne à la cour criminelle; car la fraude dans le commerce est un délit d'autant plus grave, qu'il porte atteinte à la fortune publique par ses atteintes à la confiance générale et aux fortunes particulières, et que la simple contrainte par corps, en ce cas, donnerait par la lenteur de ses formes, le tems au banqueroutier d'échapper à la justice et aux peines qu'il a encourues.

2°. Tradition du banqueroutier simple à la police correctionnelle par un mandat d'amener; car c'est aussi un délit punissable dans un commerçant, que d'avoir entouré ses actions et sa conduite de circonstances et de manœuvres qui rendent sa bonne foi plus que douteuse.

3°. Soumettre enfin le failli à l'obligation de se représenter à toutes réquisitions; et après l'examen de ses livres et documens, sauf-conduit qui le mette à à l'abri de toutes poursuites, devenues inutiles du moment qu'il s'est exécuté, sauf à le lui retirer et à le constituer en état de fraude, s'il y a ultérieurement preuve de mauvaise foi de sa part.

Toutes ces mesures ont cet avantage, que le failli n'est plus à la merci de la mauvaise humeur ; que les créanciers sérieux ne sont plus à la merci de ceux qui sont supposés, ni d'un failli fripon ; que personne ne pourra tromper, parce que personne n'y aura intérêt ; que les faillites ne seront plus aussi fréquentes, parce qu'il n'y aura plus de profit à les faire ; et que les créanciers en retireront tout ce qu'ils en pourront retirer, parce qu'il ne sera plus à craindre que leurs gages soient amoindris par des vols, ou qu'ils deviennent la pâture des chicanes et des formes.

L'ancien mode des directeurs et des syndics n'a-t-il pas plus d'inconvéniens que d'avantages ? A-t-il même eu des avantages ?

Le mode des syndics n'a jamais présenté d'avantages ; car, n'ayant d'autre effet que de substituer quelques individus à un grand nombre d'individus, outre que ces syndics ne prenaient point aux droits de chacun cet intérêt personnel qui triomphe des obstacles et commande souvent les succès, les créanciers et le failli n'en étaient pas moins en butte à des procédures et à des jugemens qui dévoraient tout.

Et de plus, toujours pris parmi les créanciers, et les créanciers d'un commerçant étant presque toujours commerçans eux-mêmes, par conséquent encore occupés chaque jour de leurs spéculations et d'un courant d'affaires auxquelles ils devaient la préférence, les syn-dics ne pouvaient guères s'occuper des intérêts d'une masse à laquelle rien ne les portait à sacrifier, pour la part incertaine qu'ils avaient à la chose commune, les bénéfices plus attrayans et plus assurés de leur négoce de chaque jour.

Il est vrai qu'animés au premier moment d'une faillite, et dominés par l'humeur, leur zèle se promet d'être actif. Mais les difficultés se présentent, les obs-tacles s'accumulent; ils n'ont pas prévu qu'en opposi-tion à la célérité qu'ils espèrent, se trouvera la lenteur des gens d'affaires, celle des incidens, et bientôt rebutés, leur zèle meurt au milieu des contrariétés. Et quand leur activité se maintiendrait, ont-ils les connaissances nécessaires à la conduite des affaires de cette nature, et beaucoup de tems à perdre? La négligence succède au dégoût, et jamais homme prévoyant n'a recherché cette sorte de fonction, si ce n'est dans l'intention d'en prendre à son aise, ce qui ne remplit plus l'objet, ou d'en tirer parti, ce qui entraîne la nécessité pour la masse, de perdre, ou d'avoir un nouveau procès pour obtenir un compte souvent impossible d'une gestion en désordre.

Mais, comment parer à ces inconvéniens graves, qui ne préjudicient pas moins aux faillis qu'aux créan-ciers? Il en est un moyen infaillible : c'est de remettre la direction et la liquidation des faillites aux soins de plu-

sieurs hommes uniquement livrés à cette sorte d'opérations, constitués à ce titre sous un caractère public;
c'est de créer une espèce d'autorité légale, composée
d'élémens différens, tels que chacun d'eux soit responsable à l'autre, et que tous soient véritablement et
respectivement les contrôleurs de leurs opérations. De
cette manière, il n'y aura plus à craindre, ni d'abus,
puisqu'ils n'auront pas l'intérêt d'abuser; ni de lenteur
par leur intérêt à accélérer; ni de ruine pour les créanciers, parce qu'il n'y aura plus ni procès ni procédures.
Et voici de quelle manière je conçois cette espèce
d'autorité extrajudiciaire.

Rien de plus simple que sa composition; 1°. des curateurs ; 2°. des liquidateurs; 3°. un ministère public.

Auprès de chaque tribunal de commerce, il serait
donc établi un ou plusieurs agens ou curateurs aux
faillites, pour, du moment de leur ouverture, s'em-
parer, agir et requérir. Il y aurait de même plusieurs
liquidateurs pour vérifier, recouvrer et liquider. Je ne
parle point des syndics qui n'ont que des fonctions
privées pour surveiller, et se plaindre d'une portion de
l'autorité à l'autre, s'il y avait lieu.

Ces curateurs et ces liquidateurs auraient pour correspondans naturels les curateurs et les liquidateurs
établis dans les départemens. Cette correspondance est
nécessaire dans des opérations qui, de leur nature, sont
rarement concentrées dans une seule ville; et l'importance

tance de chacune déterminerait le nombre de ces fonctionnaires légaux. Il serait d'un jusqu'à trois pour les
curateurs dont les fonctions seront peu compliquées, et
de trois jusqu'à cinq pour les liquidateurs dont elles
seront beaucoup plus considérables.

Il serait en outre attaché à chaque direction de liquidation un procureur-impérial pour requérir et dénoncer, et en contradiction, comme sous la surveillance
duquel tout serait opéré. C'est par son organe seulement que les plaintes contre les banqueroutiers frauduleux ou simples, seraient rendues et poursuivies, soit
aux cours criminelles, soit aux tribunaux correction-
nels. On prévoit les inconvéniens des dénonciations
privées, que la crainte des résultats ou des considérations arrêteraient toujours; il n'y a donc qu'un offi-
cier public et indépendant, qui puisse en avoir le courage nécessaire, et garantir à la loi sa stricte exécution,
qu'on ne peut attendre d'un individu sans caractère,
qui redoute toujours de se compromettre, et souvent
sacrifie à des considérations.

Paris et les cinq ou six premières villes de commerce
auraient trois curateurs, cinq liquidateurs et un procureur-impérial *ad hoc*. A Paris, ce magistrat aurait le
titre de procureur-général-impérial, parce qu'il aurait
un droit de surveillance et d'action sur tous ceux des
départemens pour cette partie.

Les villes du moyen ordre auraient deux curateurs,
et toutes les autres un seul, avec trois liquidateurs

B

séulement, parce qu'ils suffiraient. Dans ces villes, le procureur-impérial du tribunal civil en ferait les fonctions.

Et la nomination de ces curateurs et liquidateurs doit appartenir à chaque tribunal de commerce, parce que personne ne peut mieux connaître les hommes de capacité et d'intégrité nécessaires qui pourront se consacrer uniquement à des fonctions honorables et utiles, que des magistrats qui ne doivent la confiance de la loi qu'au choix de leurs pairs et à une vie entière de probité. Ce qu'il faut sur-tout, c'est que l'importance de ces choix ne soit abandonnée ni à la faveur ni à la protection.

On voit déjà par cette marche que rien n'est laissé à l'arbitraire de personne, puisque personne ne peut opérer seul, et que l'un est par-tout le surveillant de l'autre. Le curateur l'est des liquidateurs, les syndics le sont des liquidateurs et des curateurs, et le ministère public, sans qui rien ne pourra se faire, l'est de tous. Mais il est un autre avantage qui doit en résulter encore, qui ne s'est jamais rencontré dans l'ancien mode, qui n'a jamais pu s'y rencontrer, qui ne peut se trouver que dans le moyen que je propose, et d'autant plus à rechercher, qu'il fait à-la-fois le bien des créanciers et du failli, par conséquent celui de l'Etat, qui perd toujours quand les citoyens perdent : je veux parler de la compensation.

Il n'est point de faillite qui ne présente, d'une part

des créanciers et de l'autre des débiteurs, et plusieurs sont même occasionnées parce que le failli n'a pas reçu à tems des rentrées sur lesquelles il avait compté.

Je ne parle point des créanciers d'un failli qui sont en même-tems ses débiteurs. Il est tout simple qu'ils subissent de droit la loi de la compensation, si les créances sont liquides. Ce n'est pas de ce cas-là qu'il s'agit.

Mais il arrive souvent que le créancier d'un failli est à son tour débiteur d'un autre failli. Dans l'état actuel, chaque faillite a sa créance à recouvrer par l'intermédiaire de syndics qui, lors même qu'ils viendraient à se procurer des rentrées douteuses, ne pourraient les appliquer qu'à la faillite dont ils sont les syndics ; de manière qu'absolument inutiles pour la compensation, les deux sortes de créances ne le sont pas moins aux créanciers directs, parce qu'elles ne leur rentrent que tard, et que toutes deux comportent des formes et des poursuites préjudiciables à chaque masse.

Par le moyen, au contraire, d'un centre de liquidation, et par l'effet de la correspondance générale entre les établissemens du même genre, les liquidateurs trouvant dans plusieurs faillites, des individus créanciers des uns, et débiteurs des autres, useront de la faculté de compenser, et sans parler des frais, des retards et même des pertes qu'ils préviendront, ils diminueront les dettes des faillis en faisant, sans bourse délier, rentrer des sommes qui se seraient trouvées perdues.

Par ce moyen simple , ils accroîtront donc et réelle‑
ment la masse au profit de chacun des créanciers.

Cette recherche qui, par l'effet récursoire, peut ar‑
river jusqu'à un cinquième ou sixième débiteur, et peut‑
être aller plus loin, finira toujours par en atteindre un
solvable qui, par le seul fait de son paiement, sol‑
dera d'un coup, par la compensation, cinq à six créan‑
ces dans cinq ou six faillites, et réalisera ainsi des
paiemens qui, sans ce moyen, n'auraient jamais été ef‑
fectués.

Tel est l'effet salutaire et inappréciable de ce moyen
de compensation; mais l'on conçoit assez, qu'il n'est
praticable que de la part d'un établissement légal, et
qui réunît dans sa main de grandes ressources par une
correspondance nécessaire et générale. *

---

* Cette idée n'est point la mienne ; elle est celle d'un homme
estimable, d'un ancien juge de commerce, M. *Longuet*. Pénétré
des abus et des vices des anciennes directions, il a créé à Paris
un établissement déjà avantageusement connu depuis dix-huit
mois, dont la compensation est la base, et dont la liquidation
des faillites est l'objet. Ayant eu l'occasion de connaître et
d'apprécier cet établissement, long-tems sollicité par l'intérêt
général, et encouragé par les chambres et tribunaux de com‑
merce, par différens ministres, et par tout ce qu'il y a d'hommes
probes, qui gémissent des désordres et des scandales des ban‑
queroutes, j'ai cru qu'il ne manquait au succès complet de
cette heureuse invention, que de lui donner, au lieu de la forme

Les curateurs aux faillites et les liquidateurs seront donc naturellement et dans toute la France, les correspondans les uns des autres. Mais ce n'est pas assez; il importe qu'il y ait à Paris un centre commun de comptabilité au moins, où tous les créanciers, de même que tous les débiteurs des faillis, auront leur compte ouvert, et où l'on puisse établir toutes les compensations qui se présentent nécessairement dans cet ensemble, où chaque individu se trouvera le plus souvent figurer sous les deux rapports de créancier et de débiteur. Ces compensations, je ne peux trop le répéter, qui paieront les créanciers et libéreront les débiteurs, en quelque sorte sans argent, créeront des moyens de paiement et de facilité en faveur des créances les plus désespérées, ressource dont les effets sont incalculables, et que des syndics isolés et trop préoccupés de leurs affaires personnelles, n'ont jamais pu et ne pourront jamais produire.

Ce centre commun est indispensable, et sa place

d'une institution libre et particulière, qui ne remédiera au mal qu'en partie, le caractère d'une administration publique et d'une autorité légale pour y remédier généralement ; et c'est ce que je propose. On sent de reste que l'invention et la justice réclament parmi les liquidateurs l'homme de bien qui a préparé à son pays le bienfait d'un établissement qui fera époque, qui sauvera le commerce, et contribuera puissamment au retour des mœurs et des principes.

B 3

naturelle est à Paris, parce que tous les commerçans ont des relations plus ou moins directes avec la capitale, et qu'il n'y a point de faillite qui n'y ait des rapports forcés.

J'invite surtout à réfléchir sur cette idée neuve de la compensation la plus heureuse et la plus salutaire que l'esprit de l'homme ait pu concevoir en faveur du commerce, et que la loi ne peut trop tôt s'empresser d'admettre et de consacrer, parce qu'elle a pour objet de sortir des faillites une quantité énorme de créances qui tournaient à la perte commune, et qui tourneront désormais au profit de la fortune publique comme des fortunes privées.

Ce qui doit surtout déterminer cette belle institution des liquidateurs légaux et indépendans, c'est que la loi, en la consacrant à l'avantage général, peut le faire sans qu'il en résulte aucune charge pour le trésor public. En effet, quelles que soient les indemnités attribuées à ces fonctionnaires, elles peuvent être prises sur les biens des faillis, sans qu'elles puissent être considérées comme préjudiciables à leurs intérêts et à ceux des créanciers; puisqu'il est sensible que leur intervention diminuera considérablement les frais de procédure et autres qui, jusqu'à présent, en absorbaient la majeure partie; puisqu'elle fera rentrer des sommes, et un actif douteux qui serait à-peu-près de nulle valeur; puisqu'enfin on peut s'assurer du zèle des curateurs et des liquidateurs en les intéressant aux plus grands

produits par l'attribution d'une partie de ces indemnités sur la somme des recouvremens qu'ils auront effectués. Par cette disposition, on sera donc assuré que leur
intérêt même concourra avec celui des créanciers. Dans
les affaires de cette nature, tout l'art, pour en garantir
le succès, est de lier tous les intérêts ensemble.

Je désirerais que ces liquidateurs, que ces hommes
de la loi fussent de droit les arbitres de toutes les difficultés qui naîtraient dans les faillites ; qu'ils fussent
les arbitres entre les syndics stipulant pour la masse,
et les curateurs stipulant pour tout le monde. Ils statueraient, de l'avis du procureur impérial, sur de simples mémoires. Ils statueraient enfin par le fait, et sans
rendre de jugemens partiels : seulement avant la distribution des deniers, ils énonceraient dans le procès-
verbal qui l'ordonnerait, les points de difficulté surve-
nus pour justifier qu'ils les ont connus et qu'ils y ont
statué. J'excepterais cependant de cette mesure les
cas d'invalidité d'un titre, ou de contestation d'une
créance, qui seraient jugés sur leur avis par un jugement
des consuls, ou de la jurisdiction civile ordinaire, si la
matière était de sa compétence.

L'utilité de l'institution proposée est sensible ; ses
avantages sont palpables, et jamais l'intervention des
syndics et leur gestion n'ont pu, sous aucun rapport,
rien offrir, qui soit autant dans les intérêts de la justice et du commerce. Conserver les syndics par le

nouveau code; les perpétuer dans le droit d'agir
et de recouvrer, consacrer enfin toutes ou à-peu-près
toutes les formes anciennes de procéder en cette matière, et d'opérer les liquidations, c'est éterniser les
directions; c'est laisser les anciens abus subsister, et
rendre à la chicane le droit d'absorber tout au préjudice du failli, et des créanciers; c'est surtout perpétuer la démoralisation, quand il faut s'attacher à ramener le commerce à son lustre par la justice et la
sévérité des principes. Tout concourt donc pour l'a-
doption d'un plan qui simplifie tout, qui concilie tous
les intérêts, qui tend à prévenir les faillites ou à les
rendre moins onéreuses, et par conséquent au bien de
l'Empire comme à celui du commerce.

Mais ce n'est pas assez d'avoir fait sentir le prix et
la nécessité de ce nouvel ordre, et le besoin pour
l'intérêt des mœurs, de comprimer les banqueroutiers par la crainte des peines sévères de la loi. Ce
n'est pas encore assez d'indiquer les moyens de prévenir les plus désastreux effets de la démoralisation,
par la destruction de ceux de voler et de s'enrichir
impunément aux dépens de la confiance et souvent de
l'amitié; de prouver qu'il ne faut point abandonner au
failli, ni même à des syndics ou à aucuns autres intérêts privés, les recouvremens et la liquidation des
faillites et des banqueroutes. Ce n'est pas assez enfin
d'avoir rendu justice à la création de fonctionnaires
appelés *agens* ou *curateurs*, pour prendre, au nom de

la loi, l'intérêt de tous; et de *liquidateurs*, pour procéder à l'avantage de chacun, et presque sans frais, à la liquidation des créances, et à la distribution des deniers; d'avoir surtout démontré le besoin de la présence du *ministère public* à toutes les opérations de la faillite, pour prévenir tous les abus et les surveiller quels qu'ils soient, qu'ils proviennent du failli ou des curateurs et liquidateurs; pour en imposer par le droit qu'il aura de se faire représenter *à volonté* l'état des choses, et par la crainte des poursuites criminelles qu'il pourra provoquer en tout état de cause; il faut encore soumettre aux sens et à la réflexion, le mécanisme de cette machine simple, précieuse par sa simplicité même, et faire voir d'un coup-d'œil sa marche et ses résultats.

D'abord, création d'un curateur aux faillites, dans chaque ville commerçante; de deux dans celles d'une certaine importance, et de trois à Paris, et dans les cinq ou six principales, pour vérifier, provoquer les mesures, agir et poursuivre.

2°. Création d'une *direction particulière de liquidation*, dans toutes les villes de commerce, et à Paris d'une *administration générale* de même nature, composées de trois et de cinq liquidateurs, selon le besoin, autorisés par la loi à opérer, arbitrer recouvrer et distribuer.

3°. Création d'un *procureur impérial* près chaque

direction particulière. Ils seraient nommés *ad hoc* dans les cinq ou six principales villes ; et dans toutes les autres, les procureurs impériaux près les tribunaux civils en feraient les fonctions. Elles consisteraient à requérir, rendre plainte, poursuivre les banqueroutiers et tous autres délits résultans des ouvertures de faillite. A Paris seulement, comme chef-lieu, création d'un *procureur-général*, ayant droit de surveillance et d'action sur les procureurs-impériaux, en cette partie seulement.

Je ne parle point des syndics qui ne sont pas les hommes de la loi, mais bien des créanciers. Je ne les en crois pas moins utiles, ne fût-ce que pour activer et surveiller.

Voilà tous les élémens d'une autorité publique, d'une création active, économique et salutaire, contre laquelle viendront échouer toutes les manœuvres de la friponnerie, aujourd'hui trop commune dans le commerce. Voilà les élémens d'une administration sage, incapable d'abus par les surveillances nécessaires dont elle est environnée. Voilà tous les rouages d'une machine simple qui fera mouvoir en sens uniforme toutes les opérations, qui rétablira la confiance, qui consolidera les fortunes, et qui ne permettant plus pour l'avenir que le gage des créanciers devienne la proie des formes, des chicanes et des lenteurs, fera révolution dans cette partie de la législation, et porsera dans tous les bons esprits la consolation et l'espérance.

Voyons maintenant cette machine opérer.

Une faillite s'ouvre. Le curateur s'en empare ; il s'adjoint le juge de paix, se rend au domicile du failli ; dresse état de ses livres et papiers, et fait apposer les scellés. Les livres et documens paraphés et arrêtés par le juge de paix, sont remis au curateur qui s'en charge au pied du procès-verbal.

Si le failli a fait son bilan, il est de même paraphé par le juge de paix et remis au curateur.

Si, son bilan fait, le failli s'est absenté, le juge de paix décerne contre lui un mandat d'amener, signifié à son domicile, à comparaître à *huitaine*. Faute de comparution sans excuse légitime, mandat d'arrêt. A défaut encore de comparaître à *quinzaine*, dénonciation de l'absence par le curateur au procureur-impérial, qui rend plainte à la police correctionnelle en *banqueroute simple*, et poursuit sur sa plainte, jusqu'à la représentation du failli et à ses frais, sauf conversion de la plainte, au cas de banqueroute frauduleuse.

Si le failli comparaît volontairement ou après le mandat d'amener, ou même après le mandat d'arrêt, outre la suspension de la plainte, sauf-conduit lui est expédié pour un mois seulement ; pendant lequel le curateur se met en état de vérifier s'il y a banqueroute simple ou frauduleuse. Ce sauf-conduit est renouvelé tant que le failli reste en prévention de faillite seulement. Au cas contraire, le sauf-conduit est refusé ou retiré, et l'on reprend la suite de la plainte.

Du moment de la remise des livres et documens, le curateur convoque *au mois* tous les créanciers, et insère la faillite dans les papiers publics. Les créanciers se réunissent au jour indiqué, font la remise de leurs titres au juge de paix, et en quelque nombre qu'ils soient, nomment deux ou trois syndics, et sont renvoyés, à mesure qu'ils se présentent, au procureur-impérial pour attester la vérité de leurs titres qui lui ont été remis. Tous doivent les avoir représentés, et avoir affirmé leur créance dans *le mois* de la nomination des syndics.

Les créanciers ne pouvant par eux-mêmes ni par leurs syndics, faire des remises, ni donner aucuns consentemens préjudiciables à aucun d'eux, il en résulte que les fonctions des syndics ne consistent que dans leur assistance, pour l'intérêt de la masse et de chacun, à toutes les opérations de la poursuite et de la liquidation, et de plus dans le droit de surveillance.

A défaut de bilan de la part du failli, le curateur le dresse. Il doit être achevé dans le mois, et présenté aux syndics qui le vérifient dans la quinzaine, et donnent leur avis par écrit; après quoi le tout est communiqué avec les pièces au procureur-impérial pour déterminer la qualité qu'il convient d'abord d'assigner à la faillite.

Lors de l'affirmation des créances, *et en tout état, de cause*, le procureur impérial peut faire aux créanciers, sur leurs titres, toutes les interpellations qu'il jugera nécessaires, et qu'il constatera, ainsi que les réponses, dans un procès-verbal, s'il croit devoir rendre plainte en banqueroute

La qualité de la faillite une fois fixée, qu'elle soit banqueroute simple ou frauduleuse, ce qui ne fait rien à la masse, sur le réquisitoire du procureur-impérial, toutes les pièces sont remises à la liquidation pour le recouvrement de l'actif en retard.

A l'égard de l'actif existant, il est de deux sortes; ce sont des immeubles et du mobilier. Mais avant de vendre l'un et l'autre, les syndics sont de nouveau réunis, et dans cette assemblée, en quelque nombre encore qu'ils soient, ils déterminent ce qui doit être laissé au débiteur qui n'est que malheureux et failli; et le procès-verbal qu'en a dressé le curateur est soumis au procureur-impérial qui juge s'il y a trop ou trop peu dans l'abandon; qui, d'accord avec deux des curateurs au moins, fixe souverainement ce qui sera laissé; et les objets abandonnés qui ne pourront être que du mobilier, seront distraits de la vente. Cette délibération des syndics ne pourra jamais avoir lieu qu'après le procès-verbal qui dira que le failli n'est encore prévenu que de faillite, et doit le suivre immédiatement.

Restent maintenant les immeubles et les meubles.

Chacune de ces espèces d'actif sera constatée, et rece-
vra séparément son application. Les immeubles seront
exclusivement affectés aux hypothècaires, et de même
les meubles et effets aux chirographaires. Dans le cas
d'excédent des immeubles, l'excédent sera versé au
profit des chirographaires. S'il n'y a point d'immeubles,
les créanciers de toute nature concourront sur le produit des effets ; mais une fois classés, les créanciers ne
pourront jamais sortir de la classe qu'ils auront pré-
férée.

La classification faite, le curateur chargé s'occupera
de suite de la vente, tant du mobilier que de l'immo-
bilier, selon les formes voulues ; et à mesure des
rentrées, les produits, ainsi que les deniers comptans
trouvés chez le failli, seront sur-le-champ remis, soit
à la caisse d'amortissement, soit à celle de la liquidation *, et leur distribution, selon la nature de leur
source, en sera faite du moment où les liquidateurs,
d'accord avec le procureur-impérial, auront déter-
miné que les sommes en caisse permettent d'opérer
une répartition. Le curateur ou les syndics pourront
la requérir, et, s'il y a contestation sur quelque créance,

---

* Je crois la préférence due à la caisse de la liquidation,
parce qu'elle doit avoir, à tous momens, ses fonds disponibles,
et que les formes usitées dans les caisses publiques, apporteraient
des entraves et des retards, qu'il importe surtout d'éviter.

il sera seulement sursis à son égard, sans retard pour
les autres.

Par le seul fait de la remise des livres, titres et pièces,
à l'administration générale de liquidation, à Paris, et
dans les départemens, à la direction, elles se trouveront investies du droit de faire tous les recouvremens,
de rejeter tous les titres qu'elle croira frauduleux, et de
les dénoncer au curateur qui les soumettra à son tour
au procureur-impérial pour faire ensuite ce qu'il croira
convenable. Dans le cas de suspicion violente contre un
livre ou contre un titre, le magistrat fait révoquer le
sauf-conduit, et rend sa plainte à qui de droit, selon
la nature de la culpabilité présumée, c'est-à-dire à la
police correctionnelle, s'il n'entrevoit qu'une banqueroute simple, ou au criminel, s'il juge qu'il y a fraude,
auquel cas le créancier complice est compris dans
l'application de la peine. Cette voie est ouverte
contre le failli *en tout état de cause.* S'il y a fraude,
outre la nullité du titre, le jugement prononce contre
le banqueroutier et son complice les peines personnelles et les condamnations solidaires que la loi a dé-
terminées.

Cette marche sage et combinée prévient tous les
dangers de l'humeur, de la haine et de l'esprit de
parti; mais elle est nécessaire pour arriver d'une manière juste et sûre à l'objet essentiel du nouveau code,
celui de couper cours à des délits scandaleux qui ont

fait du moyen avilissant de la banqueroute, des mines
abondantes au profit des fripons, et de prévenir des abus
énormes par la crainte toujours moins fâcheuse que les
punitions.

Enfin, les distributions consommées, la liquidation
dresse un état de compte, en tête duquel elle porte
en dépense les droits qui lui sont attribués ; elle le
soumet aux syndics ; à leur défaut, au curateur, qui
l'approuve ou le conteste, et le procureur-impérial
l'arrête s'il n'y a pas contestation, ou fait droit sur
celles qui ont eu lieu, après avoir entendu les liquidateurs. Il prononce à cet égard sans appel.

Et si l'on réfléchit que jusqu'à ce moment, les faillites et les directions de créanciers étaient intermina-
bles ; que quand elles ne devenaient pas entièrement
la pâture de la chicane et de la mauvaise foi, elles las-
saient la patience et survivaient aux créanciers, qui
s'estimaient enfin trop heureux quand, après une
longue attente, ils en tiraient une modique somme,
on se convaincra facilement que de pareils abus ne
pourront plus avoir lieu par les précautions et les peines
de la loi, qui lui répondent qu'il ne se présentera
plus que des créanciers sérieux, que les fonds ne se
dissiperont plus en frais dévorans de procédures et de
dépôts. N'y eût-il enfin que cette circonstance que le
créancier d'une faillite et même d'une banqueroute
sera sûr d'avoir une part égale à celle des autres, et

de

de l'avoir promptement, parce que ce sera l'intérêt
des curateurs et des liquidateurs de les payer bientôt
pour l'être de même, il est incontestable que ce mode
présente des avantages sensibles, et qu'il doit fixer l'at-
tention du Gouvernement.

Mais s'il survient des contestations d'une nature un
peu grave, (car jusqu'à présent, je n'ai raisonné que
dans la seule hypothèse pour les créanciers, d'opérations simples et non contredites) quelle sera la marche à
suivre ? Quels tribunaux saisira-t-on ? Devra-t-on en
saisir ? Et faudra-t-il suspendre jusqu'à leur décision ?

Je n'ai plus que cette question à examiner, et elle
est facile à résoudre.

D'abord je pense que les contestations, quelles
qu'elles soient, ne doivent jamais arrêter les liquidateurs. Rien ne doit entraver les recouvremens, ni
même empêcher les distributions dès qu'il y aura
fonds suffisans ; seulement les parties contestées reste-
ront en souffrance.

A l'égard des juges qui doivent y statuer, il me
semble que ce serait manquer le but que de ne pas
attribuer à la direction de liquidation un droit d'arbitrage, une autorité judiciaire, du moins pour certains
cas, et que ce serait entraver tout par des renvois à
des tribunaux à la moindre difficulté.

Des hommes chargés par la loi de fonctions publi-

C

ques, choisis parmi les citoyens éclairés et probes, plus en état que qui que ce soit, par la connaissance qu'ils ont de tous les actes et de toutes les branches d'une faillite, d'apprécier les difficultés qui peuvent survenir, doivent à ce titre inspirer toute espèce de confiance. C'est donc à eux que le jugement en doit appartenir comme arbitres. Outre la célérité qui doit résulter de cette mesure, il est aisé d'en sentir la justice et l'économie *.

---

* Si l'on trouvait inconvenant de laisser les liquidateurs qui opèrent, juges de leurs opérations, et même des difficultés qui peuvent se présenter dans le cours et à raison de leur travail, il serait facile de lever cet inconvénient, par la création d'une espèce de tribunal, appelé *Conservation*, près duquel serait attachée chaque direction de liquidation; il serait même possible de n'établir qu'un seul tribunal semblable par département.

Excepté à Paris, et dans les cinq ou six villes principales, où ces conservateurs seraient au nombre de *cinq*, ils ne seraient partout ailleurs qu'au nombre de *trois*; et ce tribunal prendrait les décisions et arrêtés que j'ai attribués aux liquidateurs. Ce serait encore lui qui ordonnerait les distributions, et arrêterait les comptes de la liquidation.

Alors, il ne serait plus besoin partout que d'un liquidateur, qui opérerait seul dans ses bureaux, et serait responsable. Il y aurait peut-être encore dans ce mode plus de simplification et de régularité; et sans rien déranger à-peu-près de mon plan, il ne grèverait la chose que d'un fonctionnaire de plus; ou plutôt il

Cependant, par la même raison qu'il est des cas, tels que ceux de fraude et autres, qui appartiennent ou à la police correctionnelle, ou à la justice criminelle, il peut arriver qu'il s'en présente de particuliers d'une importance assez grave, pour devoir appartenir à la justice ordinaire, telle que la propriété d'un immeuble contestée, ou la réclamation d'*un tiers*, sur un objet qui se trouve dans la faillite.

Sans contredit, toutes les fois qu'un tiers aura un intérêt à faire statuer, toutes les fois que la difficulté portera sur la validité d'un acte authentique, ou sur la propriété d'un domaine, même entre les parties de la faillite, la connaissance et la décision en doivent être rendues à la juridiction ordinaire.

Du reste, toutes les difficultés d'ordre ou autres, en

---

présenterait de l'économie, en n'établissant qu'un tribunal de conservation par département, ce qui généralement suffirait.

Je proposerais même les tribunaux de commerce pour en faire les fonctions, si ce n'était pas retomber dans l'inconvénient d'hommes occupés, qui n'auraient pas le tems de s'y livrer. Au reste, on peut recourir aux négocians retirés, qui, satisfaits d'une distinction honorable, se livreront d'autant plus volontiers à ces travaux, qu'il s'y trouverait des attributions attachées, et prises, comme celles du liquidateur, sur les faillites mêmes.

un mot, toutes celles qui ne sont que secondaires entre
les créanciers entr'eux, ou entre les créanciers et le
failli, et même entre le failli et les curateurs ou les
syndics, doivent être laissées à l'arbitrage de la liquidation, sur les conclusions du procureur-impérial. Ces
difficultés seraient instruites sur simples mémoires,
et jugées sans appel pour l'intérêt de tout le monde, à
moins que la décision des liquidateurs ne fût contraire
à l'avis du procureur-impérial, auquel cas l'appel sou-
verain en serait déféré au tribunal de commerce ou de
conservation, si ce mode est préféré.

Mais pour celles qui seront rendues au cours ordinaire de la justice, à qui du tribunal civil ou de celui
de commerce appartiendront-elles? A l'un et à l'autre,
selon la matière et selon que la direction et le procureur-impérial en auront ordonné le renvoi : à la
justice civile, s'il s'agit de propriété contestée, ou de
la validité d'un acte authentique; au tribunal de commerce ou de *conservation*, s'il s'agit de celle d'un
effet, ou du résultat d'un jugement consulaire, ou
de tout autre cas sur lequel la liquidation n'aura pas
voulu prendre sur elle de statuer.

Je crois avoir présenté tout le mécanisme de l'établissement, et toute la marche de ses procédés; démontré son utilité, et la nécessité de l'adopter pour
l'intérêt des mœurs, du commerce et de l'État lui-
même; je crois enfin avoir rendu sensibles les avan-

tages immenses de cette création qui va rassurer les
négocians, rétablir la confiance, et rendre le commerce
aux principes, à la bonne foi, et à la splendeur qu'il
n'aurait jamais dû perdre.

Et n'y trouvât-on que le bien incalculable d'amener
les faillites à ce point si désirable et qu'elles n'ont
jamais atteint, d'arriver à une liquidation, et de tour-
ner au profit des créanciers et même des débiteurs,
parce que l'actif n'en sera plus abandonné à l'insouciance des syndics, et à la rapacité des gens d'affaires ;
parce que l'intérêt des liquidateurs sera de les liquider
promptement, et parce que des hommes dont ce sera
l'occupation unique et qui en auront l'habitude, s'y
livreront exclusivement : n'y trouvât-on encore que
celui de déjouer, de détruire à jamais tous les calculs
de la mauvaise foi et de la friponnerie, le Gouvernement devrait s'empresser d'adopter une mesure sage
dans sa composition, utile dans tous ses résultats, et
qui ne présente aucun danger, qui ne donne point
à craindre aux créanciers de retomber dans des
mains corrompues, en échappant à d'autres, puisque
tous les fonctionnaires, outre qu'ils seront choisis
parmi les hommes d'une équité sévère et connue, ne
pourraient pas abuser quand ils le voudraient, puisque
les élémens de cette création sont tous en opposition,
puisqu'ils s'observent et se contrôlent ; et qu'ainsi,

surveillés encore par le ministère public, tous sont respectivement garans de la probité les uns des autres, et répondent à la loi pour chacun, de la promptitude et de l'équité de leurs opérations.

F I N.

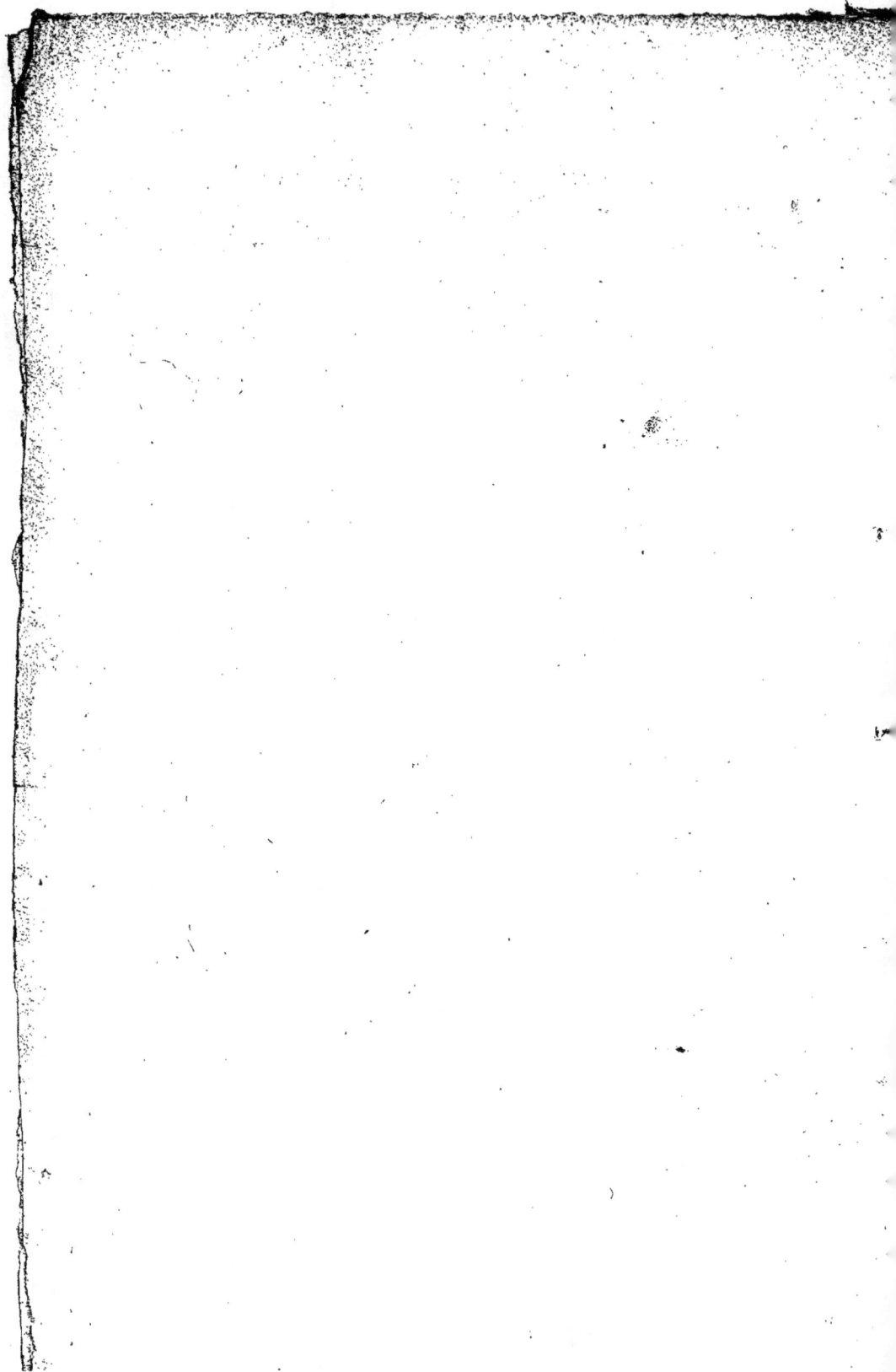

ADDITION

AUX CONSIDÉRATIONS

SUR

LES FAILLITES ET BANQUEROUTES

ET RÉPONSES À QUELQUES OBJECTIONS;

PAR M. MARTINEAU.

Pressé par le tems et par le désir de faire arriver mon premier travail au Conseil d'État avant que sa discussion sur les Faillites fût avancée, je me suis dispensé de développer quelques idées qui me paraissent n'avoir pas été bien comprises. Je le juge par des objections qui m'ont été faites. Il faut donc réparer l'omission.

On m'objecte, 1°. qu'une Faillite ne présentant qu'une discussion d'intérêts privés, la loi doit laisser le champ libre aux parties, ne point les troubler dans le droit, d'agir, de composer, de faire et d'accepter

A

des remises , et qu'interposer entre elles une autorité , ce serait faire plus que la prudence et la justice
n'exigent ;

2°. Que mon système de compensation présente
des inconvéniens ;

3°. Et qu'il est douteux que le mode de liquidation que je propose diminuât les anciens frais.

Je reprends ces objections pour les combattre et les
détruire.

J'avoue, sur la première, que je ne pensais pas
qu'il fût même possible d'élever un doute sur l'a-
vantage d'un établissement unique et légal, substi-
tué à l'insouciance et souvent à l'impéritie des syndics, et d'un centre unique et actif à la place d'un
mode partiel et négligent.

Quoi ! une Faillite n'est qu'une discussion d'intérêts privés ! Mais elle est en soi un délit plus ou
moins grave, puisqu'au moins elle porte atteinte à la
confiance publique , puisqu'elle préjudicie aux fortunes, puisqu'elle compromet le commerce et avec
lui les ressources et la force de l'État. Jusqu'à son
entière liquidation, n'emporte-t-elle pas présomp-
tion de fraude ? C'est donc un délit public ; c'est
du moins un état de choses qui provoque l'œil et la
surveillance de la loi, et qui les provoque jusqu'à la
fin. C'est bien plus un délit quand elle a le caractère
de la fraude.

Un Failli est nécessairement un homme imprudent ou dissipateur, incapable ou de mauvaise foi ; et quand la loi s'interpose dans tous les cas de dissipation, d'incapacité et de friponnerie ; quand le mineur, le dissipateur et l'escroc ne peuvent ester en jugement sans la présence du ministère public, lors même qu'il ne s'agit que d'une action simple, pourquoi la loi n'interviendrait-elle pas dans des cas plus dangereux, plus généraux encore, et qui vont jusqu'à réclamer sa vindicte. Ce qu'un mineur, ce qu'une femme, ce qu'un interdit ne peuvent pas faire seuls pour leur bien, un Failli bien *plus interdit encore*, puisqu'il est dépouillé, puisqu'il ne peut disposer, le pourra-t-il au préjudice d'une foule de créanciers légitimes qui ne sont pas là pour appuyer leurs droits, pour discuter ses actions et ses actes, pour provoquer des peines. Rien ne me paraît pouvoir dispenser le Failli de soumettre sa conduite et ses pièces au Ministère public, si l'on veut arriver à détruire les anciens abus, et à prévenir les Faillites et les Banqueroutes.

Dira-t-on que ce n'est point une nouveauté ; qu'aujourd'hui même le Ministère public est là pour rendre plainte. Je réponds par un fait, Qu'on me cite un seul exemple, depuis cinquante ans, depu s que presque toutes les Banqueroutes sont frauduleuses, d'une plainte rendue par l'homme de la loi. Il n'en est pas une, ou s'il en a existé, c'est par des raisons extraordinaires. Dans le reste, silence absolu, parce que ce n'est pas une fonction spéciale du Ministère public actuel, et que le Banqueroutier menacé, trouve dans les sommes qu'il a soustraites, les moyens de fermer la bouche à ceux des créanciers dont il aurait quelque chose à redouter. Il n'y a qu'un procureur impérial, spécialement chargé de voir toutes les pièces d'une Faillite, qui puisse remédier au mal. Le mal provoque donc sa création, et celle d'un établissement public qui n'ait point de raisons pour céder à des considérations. Sans cette mesure, l'ancien Code sera presque tout aussi bon que le nouveau.

Il ne s'agit aussi pour des mineurs, pour des interdits ou des absens, comme dans les cas de déshérence ou de vacance de succession, et dans une foule d'autres, que d'intérêts privés : il en est de même dans les cas de police rurale et souvent dans ceux de police correctionnelle. Cependant la loi les sort de la classe commune et les soumet à des formalités. Pourquoi ? Les uns, parce qu'il y a les intérêts du faible ou de l'absent à ménager ; les autres, parce qu'ils ont un caractère de délit. A plus forte raison, en doit-il donc être de même pour une Faillite, puisqu'elle réunit les deux circonstances, puisque la plupart des créanciers sont absens, puisque le Failli est en état d'interdiction et en prévention de délit : et c'est ce que décide le projet du Code, puisqu'il renvoie le Failli à la police correctionnelle ou au criminel, selon les cas. Il faut donc, avant tout, un homme public qui juge si ces cas existent.

La loi doit son secours à celui qui ne peut se secourir lui-même : c'est à elle d'éclairer la conduite d'un homme forcément suspect, par cela seul qu'il fait perdre. Elle doit donc venir s'interposer entre le débiteur et le créancier, pour voir, pour juger, pour punir s'il y a lieu.

On dit que le créancier doit rester le maître de faire des remises. C'est détruire d'une main tout le bien qu'on veut faire de l'autre. C'est justement dans cette faculté que réside tout le mal, c'est elle qui a introduit la simulation de créanciers pour obtenir la majorité et forcer aux remises qu'on exige. Tant qu'il sera libre à ceux-ci de faire des sacrifices, les Faillites ne seront que des friponneries. C'est là surtout ce que le Code doit empêcher. C'est à la loi seule à faire les remises, et ce sont les produits de la Faillite seuls qui doivent les déterminer. Sans cette interdiction absolue, sans la condition d'exclure les Faillis et leurs enfans de tous les emplois publics, tant qu'ils ne se seront pas acquittés, et que le Failli n'aura pas été réhabilité, il ne faut jamais espérer de prévenir les Faillites et de les empêcher. C'est à ces moyens seuls qu'ont été dues la splendeur de l'ancien commerce et la rareté des Faillites, jusqu'à la moitié du 18°. siècle.

A 3

Quand j'ai proposé un établissement légal de liquidation, je n'ai pas entendu parler d'un tribunal, et
encore moins d'un tribunal exclusif. Toutes les contestations sérieuses de propriété, d'hypothèques et
autres de cette nature, doivent être conservées aux
tribunaux. En désirant que les liquidateurs fussent
arbitres en certains cas, je n'ai voulu leur soumettre que ces difficultés légères qui ne tiennent
point à des droits, mais uniquement à des incidens
ou à de petites chicanes qui n'ont presque toujours
pour objets que des entraves et des retards.

Par établissement légal, je n'ai entendu qu'un
centre dans chaque département, qu'un comité autorisé et exclusif, pour activer, recouvrer, distribuer
et mettre à fin chaque faillite. Et il est aisé de sentir
l'avantage qu'une pareille administration ou direction
doit avoir sur des syndics qui n'apportent à la chose
que nonchalance et tiédeur, tandis que des hommes
uniquement occupés d'un objet s'y livreront tout
entiers, et feront dans un an peut-être, ce que les
autres ne faisaient pas dans vingt, et termineront
bientôt ce qu'ils ne parvenaient jamais à terminer.

Et quand cet établissement est composé de divers
élémens, qui opèrent à part, qui se balancent et se
surveillent; quand j'y adjoins un ministère public qui
voit tout, qui régularise tout, et sans qui rien ne peut
se faire, où donc est le danger? et quand même il y
aurait une espèce de parité entre les deux modes, ne

faudrait-il pas écarter celui qui prête le plus aux abus et aux lenteurs, et préférer l'autre qui accélère, qui concentre, qui tranquillise, qui ménage tous les intérêts, qui peut voir les délits et les faire punir, et qui coupant cours aux friponneries, tend à prévenir les faillites, à rassurer la bonne foi et à rendre au commerce son antique pureté.

J'arrive maintenant à la compensation (1).

Je conçois que cette idée, toute heureuse qu'elle est, n'ait pas été parfaitement entendue, parce qu'elle tient à des opérations de calcul et de revirement, qu'il est difficile de rendre sensibles sur le papier, à des esprits qui n'en ont pas l'habitude. Sans la développer, je vais tâcher de la faire entrevoir.

D'abord j'observe qu'il ne pourrait exister d'inconvénient dans la compensation proposée, qu'autant

---

(1) Compensation n'est peut-être pas le mot exact. Par compensation on entend généralement l'extinction d'une seule dette par une autre. Ici le mot a plus d'étendue. C'est une compensation prolongée qui s'opère par reviremens et par échelons. Au reste, simple ou non, ni l'une ni l'autre ne présente d'inconvéniens. Que l'on compense une bonne créance avec une mauvaise, peu importe encore, parce qu'il faut toujours que le bon débiteur paye. Tout ce qu'il peut demander, c'est d'être quitte, et il le sera tout aussi bien en faisant l'avantage de plusieurs par les reviremens, qu'en faisant seulement celui de son créancier.

A 4

qu'elle s'opérerait au préjudice d'une masse pour le profit d'un autre. Ce n'est pas ce dont il s'agit. Selon moi, elle aura l'avantage contraire, puisque la même somme payée par un seul débiteur, pourra profiter à une infinité de masses dont le nombre ne peut se déterminer, parce qu'il dépendra toujours de la distance à laquelle le débiteur qui aura fait un paiement, se trouvera dans la ligne, et du nombre des intermédiaires entre le premier débiteur et lui.

Voici à peu près l'opération. Le failli a des débiteurs, on s'adresse à eux; ils n'ont pas de fonds, mais ils donnent des créances à recouvrer. A leur tour, leurs débiteurs font de même. Cette opération peut aller à l'infini. Au reste, chacun de ces débiteurs intermédiaires a fourni, ou n'a pas fourni, une somme outre les créances qu'il a cédées.

Je suppose maintenant que par la réaction d'un débiteur sur l'autre, on arrive au vingtième, et que celui-ci ait payé 1000 fr. En faisant remonter cette somme de créancier en créancier jusqu'au premier de la ligne, et créditant chaque masse intermédiaire de 1000 fr., il se trouvera vingt masses qui auront bonnifié de ces 1000 fr., ce qui opéré sur l'ensemble une libération de 20,000, avec 1000 fr. Voilà certainement un avantage immense, mais qui ne peut résulter que d'un grand établissement central.

Mais il en est encore un autre qui n'est pas moins

important. Le vingtième débiteur ayant payé 1000 fr.,
et cette somme étant portée au crédit du dix-neu-
vième qui le précède, si celui-ci a payé de son côté
une somme, je suppose 500 fr., ces sommes réunies
font 1500 fr. à porter au crédit du dix-huitième. Ce
que celui-ci aura payé sera également porté au dix-
septième, et ainsi de suite jusqu'au premier. Il en
résulte donc que toutes ces masses ou individus à la
fois créanciers et débiteurs, puisqu'ils sont créanciers
de celui qui les suit dans la ligne, et débiteurs de
celui qui les y précède, se sont remplis d'autant; que
cette compensation leur aura fait rentrer des sommes
qu'ils auraient perdues; qu'elle procure, en effet, un
avantage incalculable, et que la repousser, c'est ôter
aux faillites une ressource immense, mais qui ne peut
se trouver dans le mode d'une simple direction syn-
dicale.

Et ces recouvremens ne se borneront pas à l'inté-
rieur, et encore moins à la ville où résident les syndics qui ne s'occupent point de ce qui n'est pas à leur
proximité; ils se feront encore dans toute la France,
et même à l'Etranger, parce qu'une grande administration a des moyens faciles de correspondance que
n'ont pas des particuliers isolés, sans beaucoup d'intérêts d'ailleurs, et qui se rebutent à la moindre
difficulté.

Plus les faillites seront considérables, plus ces
rentrées par la compensation se multiplieront, et

plus que probablement, dans toutes, et par proportion de chacune, elle fera rentrer des sommes de ce
genre, en telle quantité qu'elles suffiront aux frais
qu'entraînera la liquidation totale. Non-seulement,
cette liquidation ne contera donc rien aux créanciers,
mais encore elle hâtera, elle facilicitera les répartitions, et n'y eût-il que cette circonstance, il reste
démontré que le bienfait est réel, et que ses heureux
résultats sont immenses.

A l'égard de l'exécution, je conçois qu'elle peut
effrayer ceux qui n'ont pas l'habitude de ces sortes
d'opérations. Rien de plus simple cependant; elle
n'est ni difficile ni dispendieuse. Il n'y a pas de jour
que le commerce et la banque ne la pratiquent dans
leurs comptes ouverts. En un mot, ce n'est qu'un
mécanisme à la portée du moindre employé qui a
quelques élémens de comptabilité.

Restent maintenant les frais. Est-il vrai qu'ils ne
seront pas diminués par le mode que j'ai présenté?

Mais quand cela pourrait être, n'y trouverait-on
pas du moins l'énorme avantage d'un établissement
légal et repressif, d'une administration active et célère
qui aurait le désir et le besoin de terminer promptement les liquidations, parce qu'elle n'aurait pas l'intérêt de les prolonger, parce qu'elle aurait celui de
les amener à fin sans retard, pour obtenir elle-même
la rentrée des droits qui lui seront attribués.

N'y trouverait-on pas l'avantage plus grand encore de détruire cette monstruosité de directions syndicales dont les intérêts épars et opposés, ont, au contraire, celui de prolonger pour absorber tout; et le résultat non moins précieux d'écarter des faillites une foule de chicanes qui finissaient toujours par les dévorer?

N'y trouverait-on pas sur-tout le bien inappréciable d'anéantir ou du moins de restreindre les banqueroutes par la crainte des peines, et par celle de la sévérité d'un magistrat spécialement chargé de la répression des délits en ce genre?

Les frais seraient aussi considérables! mais la chose est impossible, même quand il s'agirait de paiement par vacations, et ce n'est point par vacations qu'il faut procéder ici. Dans l'ancien ordre, les faillites engendraient aussi des vacations et au profit d'un grand nombre d'individus. Mais de plus, elles étaient grevées de frais de poursuites, de procédures de toute espéce : elles entraînaient des contestations sans fin, des homologations, des ordres, etc. et le tout à la charge de la faillite, c'est-à-dire, des créanciers. N'a-t-on pas vu des *arrêts d'ordre* dont la *signification seule* a valu 5o et même 100,000 fr. de bénéfices? Ce fait dispense de toutes réflexions.

La chose sera bien autrement impossible. Plus de résistance de la part des créanciers, parce que leur sort sera le même à tous, exceptés les hypothécaires dont il faudra que les droits soient réglés. Du reste, plus de contestations et de procédures sur les formes; il ne s'agira plus que de quelques formalités simples, que de recouvremens presque volontaires, que de répartitions égales, et d'une liquidation prompte et facile. Enfin toutes les parties de l'établissement légal concourront au même but de recouvrer vîte et de liquider sans retard et sans frais, parce que ce sera leur avantage.

Dans les directions syndicales tout le monde était partie; tout le monde avait ses intérêts à part. Chacun procédait pour son compte : les syndics contre le failli; le failli et les syndics contre les créanciers récalcitrans; souvent les créanciers entr'eux. Il fallait des jugemens pour fixer les créances, des jugemens pour l'ordre, des jugemens pour la distribution, et par-dessus tout des appels et des arrêts. Rien de tout cela aujourd'hui, du moins pour les créanciers chirographaires. Les frais ne peuvent donc pas être les mêmes.

La faillite ouverte, le failli n'est plus rien, puisqu'il est dépossédé. Il n'y a plus qu'une partie, c'est la masse entière : tous les intérêts privés disparaissent pour se fondre dans un seul, dans celui de tous; et si l'on considère qu'il n'y a plus que le bien commun qui puisse et qui doive occuper, il en résulte que tout ce qui tend à ce plus grand bien, doit être préféré; et c'est le moyen que je propose, qui peut seul arriver à ce but.

Au surplus, quels seront donc ces frais? Je con-
viens qu'il est difficile de les évaluer bien au juste
en ce moment, et que c'est à l'expérience à les fixer.
Mais je pense qu'on doit les régler de manière qu'ils
excitent et arrêtent en même tems, le zèle des liquidateurs, c'est-à-dire, qu'ils les intéressent assez pour
qu'ils n'apportent à la liquidation aucune négligence,
et qu'en en laissant une partie à leurs charges, ils ne
soient pas tentés de multiplier sans raison et sans
nécessité.

Il convient d'abord de mettre à part les déboursés
d'actes, de scellés, de procès-verbaux, d'enregistre-
ment, de procédures, de jugemens et de significa-
tions. Ce ne sont pas là des frais de liquidation. Il
est clair que tous ces déboursés sont à la charge de
la faillite.

Les droits de liquidation, proprement dite, ceux
qui doivent être attribués à l'administration, me paraissent devoir consister, 1°. en droits d'*opérations*,
2°. en droits de *recouvremens*, 3°. en droits de *distribution*. Mais comme toutes les faillites ne présentent ni la même quotité, ni la même facilité, je
croirais qu'il serait bon de faire une espèce de différence. Par exemple :

Deux faillites s'ouvrent, l'une d'un million, l'autre
de 100,000 fr. Les formalités, les soins sont nécessairement les mêmes, et encore est-il possible que
la dernière donne plus de peines que la première. Il

serait donc de quelque justice qu'en établissant des droits fixes, ils fussent, dans la proportion, plus forts sur celle-ci que sur celle-là. Au reste, je m'en rapporte, et voici comme je pense qu'il faudrait opérer.

D'abord par le seul fait de la remise des titres de créances à l'administration, il lui serait dû un droit d'un pour cent du montant de la faillite. C'est le droit que j'appelle d'*opérations*, parce qu'il porte sur les travaux préliminaires. Ensuite deux et demi pour cent sur les sommes *recouvrées* et *compensées*, parce que généralement ces recouvremens produisent beaucoup moins que le montant réel des créances, et pareils deux et demi pour cent sur les sommes distribuées. Ces droits ne paraîtront pas trop forts quand on réfléchira aux soins, aux travaux immenses qu'il aura fallu pour arriver là. Toujours est-il que la liquidation consommée, elle n'aura pas coûté plus de cinq à six pour cent, outre les frais prélevés, car moyennant cette attribution, l'administration n'aurait plus rien à répéter pour frais de bureaux, correspondances, etc. si ce n'est un pour cent qui serait attribué, en sus, pour les correspondans qu'il aurait fallu employer dans les départemens.

On jugera si dans les faillites au-dessous d'un million, le droit d'un pour cent ne devrait pas être élevé à deux, et les autres recevoir aussi quelqu'augmentation. Dans tous les cas, il est évident que pour

50,000 fr. au plus, la faillite d'un million, et pour moins de 10,000 fr. celle de 100,000 fr se trouveront liquidées. Je le demande, y a-t-il eu jamais une seule faillite qui ait offert autant de ressources avec aussi peu de frais, moins d'embarras et plus de célérité?

Et ces produits, que deviendront-ils? D'abord, comme il est facile d'en juger, ils ne peuvent pas être immenses. Ils serviront à couvrir, avant tout, les frais de bureaux et d'employés qui doivent être énormes dans une administration de cette nature; et le reste, après avoir encore prélevé une somme déterminée par an, pour dépenses imprévues; et une autre pour assurer des retraites et des pensions aux employés hors de service, sera réparti entre les curateurs, les liquidateurs et le procureur impérial, chacun selon la quote-part qui lui sera attribuée : ce moyen liera leur intérêt à celui des créanciers, puisqu'il les portera à accroître les recouvremens; et cette répartition fait disparaître les craintes qu'on a pu s'exagérer sur l'immensité de fortune que chacun des intéressés pourrait se faire dans un établissement de cette importance.

Veut-on au surplus un dernier moyen de s'assurer de la régularité, de la sûreté des opérations et de la délicatesse des fonctionnaires? qui empêche que cette partie du plus haut intérêt ne soit confié à la surveillance de l'un des membres du conseil d'état. Pourquoi n'y aurait-il pas dans le régime des faillites un directeur général comme dans celui des amortissemens et des hypothèques, puisqu'il tientencore de plus près au bon ordre, à l'honneur et à la prospérité de l'état? J'abandonne cette réflexion à la sagesse du gouvernement.

Je devais ces explications, je les donne : que les magistrats jettent maintenant les yeux sur le passé ; qu'ils voyent ce qui se pratiquait dans les directions, leur lenteur, et la perte totale des créances ; qu'ils ne perdent pas de vue les abus révoltans que pratiquaient les faillis ; et pénétrés, comme ils le sont, de la nécessité d'un nouveau code qui ne peut être que la nécessité de faire disparaître tous les moyens de fraude qui n'excitent que trop de réclamations, que la nécessité de rétablir le commerce sur les bases de la bonne-foi et de l'honneur, ils se seront convaincus que je ne présente rien dans mon plan qui ne mène au but qu'ils se proposent.

PORTHMANN, Imp. ord. de S. A. I. et R. MADAME, rue Neuve des Petits-Champs, n°. 36.

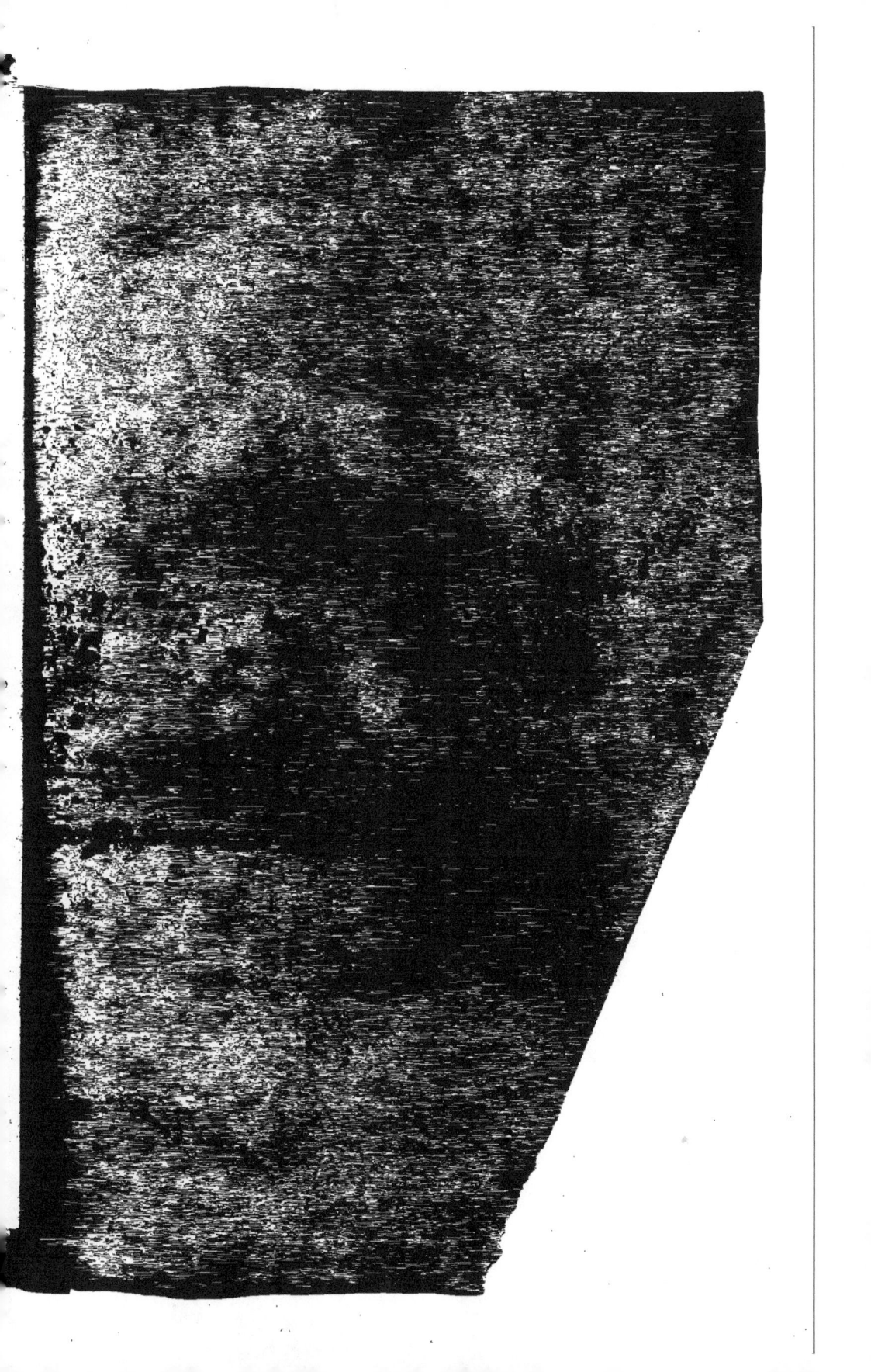

www.ingramcontent.com/pod-product-compliance
Lightning Source LLC
Chambersburg PA
CBHW070840210326
41520CB00011B/2292